NOUVELLES RECHERCHES
SUR LES EAUX DE NANCY

PAR

M. SCHLAGDENHAUFFEN

(Extrait du Compte rendu des travaux de la Société de Pharmacie de Lorraine, 1882)

NANCY
IMPRIMERIE PAUL SORDOILLET
Rue Saint-Dizier, 51

1882

NOUVELLES RECHERCHES
SUR LES EAUX DE NANCY

Par M. SCHLAGDENHAUFFEN.

En s'occupant il y a six ans de l'analyse des eaux de Nancy, notre savant collègue, M. le professeur Ritter, s'est donné pour tâche « d'établir le rapport qu'il pourrait y avoir entre la composition des eaux consommées par la population et les maladies régnantes. »

Après l'exposé des méthodes analytiques employées dans ces recherches, l'auteur résume sous forme de tableaux l'analyse de l'eau de 269 puits, en ayant soin d'indiquer pour chacune d'elles le poids total des sels fixes, le degré hydrotimétrique total et permanent, la quantité de chlorure de sodium, la proportion d'hypermanganate de potasse réduit, celle des composés ammoniacaux, des nitrites et des nitrates.

Il donne quelques analyses complètes, par la méthode des pesées, de diverses eaux de puits ainsi que celles des bornes-fontaines qui alimentaient la ville à cette époque.

Comme résumé du troisième chapitre dans lequel il discute la valeur alimentaire des eaux, M. Ritter arrive à conclure que le quart seulement des puits de Nancy contient de l'eau potable; un peu plus du quart est constitué par des eaux manifestement mauvaises et les eaux suspectes en forment la moitié.

Le médecin et l'hygiéniste surtout trouvent dans ce travail considérable qui porte le cachet d'une exactitude scrupuleuse des renseignements d'une grande valeur.

Le chimiste aussi peut y puiser des données précieuses. Car, outre les intéressantes digressions sur les méthodes employées dans les analyses et les résultats fournis par elles, il peut, en cherchant, par exemple, à comparer les éléments minéraux des diverses eaux de puits ou de sources, se faire une idée, sinon très exacte, du moins approximative de la nature des terrains traversés par les eaux et suivre le passage de la nappe souterraine sur les assises de calcaires ou de magnésifères et connaître les localités où il y a accumulation de chlorures ou de sulfates.

C'est à ce dernier point de vue que le travail de M. Ritter a principalement fixé notre attention. Comme nous avons voulu connaître les puits dont les eaux étaient les plus riches en sulfate de chaux, il nous a semblé qu'en cherchant dans le grand tableau les nombres les plus forts, correspondants au poids total des sels et en retranchant le poids du chlorure de sodium, on arriverait à une première donnée approximative nécessaire à la solution du problème.

En opérant de la sorte, nous avons déterminé le poids de sulfate de chaux dans l'eau de 10 puits situés dans des quartiers assez distants les uns des autres. Le poids total des sels fixes variait de $0^{gr},769$ à $2^{gr},420$, celui du sulfate de chaux de $0^{gr},15$ à $0^{gr},48$.

La variation de ces derniers nombres correspond à peu près à celle du sulfate de chaux provenant de trois puits analysés par M. Ritter. Nous trouvons en effet que :

Buttégnement en renferme............ ... $0^{gr}1754$
Puits n° 81, rue de la Hache................ 0,4501
Puits de l'École protestante de Saint-Jean.... 0,5145

Ils sont en moyenne supérieurs à ceux qui correspondent au sulfate de chaux des sources de Brichambeau 0,179 ; — 0,1817 — 0,1829 — 0,3185 et surtout beaucoup plus forts que ceux qui se rapportent aux sources de l'Asnée, du Montet, de la Malgrange et du Bon-Coin dont la richesse n'est que de 0,0083 — 0,0059 — 0,0486 et 0,0705.

La détermination de la quantité de sulfate de chaux avait pour nous un grand intérêt, car, après avoir comparé un certain nombre d'eaux minérales sulfatées calciques au point de vue de leur richesse en arsenic, nous avons voulu examiner si les eaux de la Ville, beaucoup moins chargées de sels que les précédentes, contiendraient de l'arsenic, et en second lieu si la proportion de ce métalloïde — en admettant toutefois qu'il s'y trouve en quantité pondérable — variait ou non avec la proportion de sulfate de chaux.

C'est dans le but de vérifier ces deux hypothèses que nous avons analysé 10 échantillons d'eau.

Au lieu de ne faire usage que d'un litre ou deux, nous avons opéré sur 45 litres et examiné le produit d'évaporation après séparation préalable du sulfate de chaux insoluble.

Le liquide, acidifié par l'acide chlorhydrique a été bouilli d'abord avec de l'acide sulfureux, en vue de réduire l'arséniate de chaux qui pouvait se trouver dans la solution, à l'état d'arséniate, puis soumis à un courant prolongé d'hydrogène sulfuré. Le précipité plus ou moins coloré en jaune ou en jaune brun, suivant la nature des matières organiques en dissolution dans l'eau, a été recueilli sur filtre, lavé et dissout dans l'acide azotique mélangé d'acide sulfurique. Le résidu convenablement traité, soumis à l'appareil de Marsh, nous a fourni, dans un certain nombre de cas, des anneaux noirs très épais, dans d'autres, au contraire, presque insignifiants ; mais le plus souvent les anneaux les plus faibles se rapportaient aux eaux les moins chargées en sulfate de chaux. Cette règle cependant souffre quelques exceptions, ainsi qu'on peut le voir dans le tableau ci-dessous. Les anneaux ont été évalués d'après une échelle d'autres anneaux formés avec des fractions connues d'une solution titrée d'acide arsénieux.

Comme l'arsenic contenue dans les eaux y existe très probablement à l'état d'arséniate calcique, nous avons indiqué dans la deuxième colonne le poids calculé de ce dernier sel, tandis que la troisième fournit le poids du sulfate de chaux contenu dans un litre d'eau.

*Détermination de la proportion d'arsenic,
contenu sous forme d'arséniate de chaux, dans les eaux
de puits de Nancy.*

Eaux de puits provenant des localités.	Arsenic par litre.	Arséniate de chaux par litre (calculé)	Sulfate de chaux par litre.
	mgr		
7. Rue de la Commanderie.	0, 003	0,00572	0,28
Derrière le buffet de la gare.	0, 012	0,02288	0,29
Près la gare des expéditions	0, 018	0,03432	—
17. Rue du Haut-Bourgeois.	0, 008	0,01525	0,15
16. Rue Isabey............	0, 003	0,00572	0,39
Imprimerie Berger-Levrault.	0, 006	0,01144	0,40
Maison Berger-Levrault....	0, 009	0,01716	—
53. Rue de Metz..........	0, 001	0,00194	—
8. Rue de Serre..........	0, 008	0,01525	0,17

La présence de l'arsenic dans nos eaux est donc un fait incontestable.

Mais quelle peut être, nous demandera-t-on, l'origine de ce métalloïde et sous quelle forme se trouve-t-il dans ces eaux?

Les uns diront que l'eau des terrains ferrugineux, comme ceux de notre localité, ne peut renfermer que de l'arséniate de fer, puisque — au dire d'un grand nombre d'auteurs — l'arsenic est toujours associé au fer dans les terrains les plus variés.

Orfila avait insisté sur ce point d'une manière toute spéciale.

Longtemps après lui, M. Walchner, ingénieur des mines du pays de Bade, a constaté que l'hydrate de peroxyde de fer, le fer spathique ainsi que les minerais oolithiques et pisiformes des terrains jurassiques contenaient de l'arsenic et il a retrouvé ce métalloïde dans les fers limoneux, dans les terrains des tourbières et des prairies, dans les dépôts des sources ferrifères actuelles, dans les ocres des eaux acidules et enfin dans les terres labourables ferrifères, dans un grand nombre d'argiles de limons et de marnes de diverses contrées.

Nous avons, nous-mêmes, dans un travail fait en collaboration avec M. le professeur agrégé Garnier, trouvé de l'arsenic en quantités variables dans un grand nombre d'échantillons de grès provenant des deux versants des Vosges.

Mais, de ce que l'arsenic existe dans un minéral, ou dans un terrain quelconque renfermant du fer, il n'en résulte pas que ce métalloïde soit engagé dans la combinaison dont il vient d'être question et qu'il s'y trouve toujours sous forme d'arséniate de fer.

Voici d'ailleurs les arguments sur lesquels nous étayons notre opinion :

1º Le gypse fibreux parfaitement blanc, exempt de fer, renferme de l'arsenic ; ce métalloïde ne peut donc s'y trouver qu'à l'état d'arséniate de chaux.

2º Le gypse saccharoïde d'un blanc de neige, de provenances diverses (environs de Strasbourg, Saint-Nicolas, Parroy), se dissolvant dans l'eau acidulée par l'acide chlorhydrique sans coloration, et par cela même, ne renfermant pas de fer, contient aussi de l'arsenic dont la présence ne peut être due, comme dans le cas précédent, qu'à de l'arséniate de chaux.

3º Le gypse grisâtre, mélangé de guangues marneuses, renferme beaucoup plus d'arsenic que les précédents, mais la proportion de ce métalloïde n'est pas en rapport avec celle du fer.

4º Le gypse rosé, très ferrifère, renferme également de fortes quantités d'arsenic, mais qui ne sont pas proportionnelles au grand excès de fer.

Il nous semble donc résulter de là que l'eau de la nappe souterraine venant à passer sur des bancs de gypse ou sur des calcaires chargés de sulfate de chaux peut dissoudre l'arséniate de chaux qui s'y trouve mélangé et que, tout en passant sur des terrains ferrifères, elle peut entraîner ce composé. Dès lors l'arsenic s'y trouvera dissout, non sous forme d'arséniate de fer, mais d'arséniate de chaux. C'est donc pour cette raison que nous envisageons l'arsenic contenu dans les eaux de Nancy comme existant à l'état d'arséniate de chaux.

Nous pouvons indiquer, d'ailleurs, à l'appui de nos assertions, dans le tableau ci-dessous, le poids de l'arsenic provenant du gypse de diverses localités, ainsi que celui de l'arséniate de chaux correspondant à l'anneau fourni par l'expérience.

Poids de l'arsenic, sous forme d'arséniate de chaux, contenu dans 5 grammes de gypse.

Numéros	LOCALITÉS	NATURE DU GYPSE	Poids de l'anneau	Poids de l'arséniate
			mgr	mgr
1	Mommenheim (Alsace)	blanc, fibreux	0.02	0.038
2	—	blanc, saccharoïde	0.04	0.076
3	—	gris sale	0.10	0.190
4	—	gris	0.20	0.381
5	—	rosé	0.10	0.190
6	—	rosé	0.30	0.571
7	—	marneux	1.00	1.906
8	Parroy (Meurthe-et-Moselle)	blanc sale	0.10	0.190
9	—	gris	0.25	0.476
10	—	rosé	0.15	0.285
11	Saint-Nicolas.	gris	0.15	0.275
12	—	marneux	0.75	1.429

L'inspection de ce tableau nous montre donc : 1° que dans les gypses parfaitement purs, exempts de fers, il n'existe que des quantités minimes d'arsenic ; 2° que dans les échantillons salis par des principes étrangers, notamment par du fer, il y en a un peu plus, mais 3° que l'augmentation considérable de la quantité du métalloïde correspond toujours à celle des éléments marneux ; or comme ces derniers sont constitués, indépendamment de la silice, par de l'alumine et de la chaux, par du sulfure de fer arsenical, on comprend l'origine de l'excédent de l'arsenic dans les échantillons n° 1 et n° 10. Ces expériences rendent donc parfaitement compte de la diversité des proportions d'arsenic dans les eaux ainsi que de l'état sous lequel ce métalloïde s'y trouve combiné.

Il nous reste à indiquer encore un dernier point digne de fixer l'attention ; c'est la présence de la lithine dans toutes les eaux de puits que nous avons examinées jusqu'à présent.

La démonstration de l'existence de ce principe minéralisateur est très facile ; il suffit d'évaporer à siccité la quantité d'eau qui a servi aux expériences précédemment citées, soit 45 litres, de reprendre le résidu par un mélange à volumes égaux d'alcool et d'éther, d'évaporer de nouveau la solution et d'examiner enfin le résidu au spectroscope. On obtient alors, en même temps que les raies du calcium et du sodium, celles du lithium d'une façon extrêmement précise. Toutes les eaux ne présentent pas le caractère au même degré d'intensité en raison même de l'existence de quantités variables de lithium dans ces eaux.

La présence de cette base se retrouve d'ailleurs dans le gypse, non dans la partie blanche fibreuse ou saccharoïde, mais surtout dans les couches marneuses, ainsi qu'il est facile de s'en assurer par l'expérience. L'origine de la lithine dans ces eaux calcaires renfermant du sulfate de chaux s'explique donc naturellement.

Il eût été intéressant de connaître la proportion de lithine contenue dans un certain nombre de ces eaux, mais le temps nous a manqué pour terminer, comme nous aurions voulu le faire, cette deuxième partie de notre travail.

Des expériences qui précèdent nous sommes donc autorisés à conclure : 1° que les eaux sulfatées calciques de Nancy renferment de l'arsenic et de la lithine en proportion variables, et 2° que la présence de ces deux corps peut être constatée aisément en opérant sur 45 à 50 litres ; dans bien des cas même le dizième de cette quantité peut suffire.

Nancy. — Imprimerie Paul SORDOILLET, rue Saint-Dizier, 54.

www.ingramcontent.com/pod-product-compliance
Lightning Source LLC
Chambersburg PA
CBHW061626040426
42450CB00010B/2682